STERNENBLICKS

Lyrikpreis 2020

RANDLOSE NÄCHTE

STERNEN BLICK e.V.

Bibliografische Information der Deutschen Nationalbibliothek:
Die Deutsche Nationalbibliothek verzeichnet diese Publikation in
der Deutschen Nationalbibliografie; detaillierte bibliografische
Daten sind im Internet über http://dnb.d-nb.de abrufbar.

www.sternenblick.org
kontakt@sternenblick.org

Herausgeber:
SternenBlick e.V.

Cover- & Buchgestaltung:
Stephanie Mattner

Coverbild:
© Lordesigner @shutterstock.com

Feder S. 10: © Blackmoon9
Illustrationen S. 67: © VPcreative

Herstellung und Verlag:
BoD – Books on Demand, Norderstedt

ISBN: 978-3-7543-1615-3

Vorwort

SternenBlicks Lyrikpreis wurde 2020 zum zweiten Mal ausgeschrieben. Das leitende Thema zur poetischen Auseinandersetzung war „Nachts". Alle lyrischen Formen, nebst Haiku waren wieder willkommen. Über 400 Poetinnen und Poeten haben ihre Verse eingesandt, von denen die besten 50 Gedichte in dieser Anthologie abgedruckt sind.

Das Gedicht „Stadt bei Nacht" von Lisa Starogardzki konnte die sechsköpfige Jury final überzeugen und erhielt den ersten Platz. Herausragend in Stil und Wortwahl hat sich die Autorin mit dem Thema auseinandergesetzt und kreierte auf diese Weise ein Gedicht, das im Gedächtnis bleibt. Wir gratulieren Lisa Starogardzki zum Gewinn des Sternen-Blick-Lyrikpreises 2020.

Danke an alle Dichterinnen und Dichter, die sich an der Ausschreibung beteiligt haben und an die Jury – bestehend aus Nadja Felscher, René Kanzler, Magnus Tautz, Petra Klingl, Neslihan Kanbur und Stephanie Mattner.

Roland Schmid-Paleski

WIEDER WIRD TAG*

Mondläufer treten kürzer,
werfen kurze Schatten
in spiegelglatte Seen.
Wolken jagen stumm
wie Gedanken
neuen Zielen zu.
Wieder wird Nacht.

Sonnentänzer stehen still
im Abendrotlicht,
weben Tauschleier
für die Dämmerung.
Vogellieder klingen,
verzaubern graue Stadt.
Wieder wird Tag.

*In Gedenken an den Dichter und SternenBlick-Unter-
stützer Roland Schmid-Paleski aus seinem Gedichtband
„Ein Falterleben lang"

Lyrikpreis 2020

1. Platz

Lisa Starogardzki
„Stadt bei Nacht"

Lisa Starogardzki

STADT BEI NACHT

Die Stadt: Ein Brandloch. Schnittpunkt zwischen Spiegeln.
Sie zeichnete in roten Linien vor
Wo wir bald sitzen würden. Trüb verlor
Der Tag sich an den grauen Häuserriegeln.

Der Abend trank die Farben von den Ziegeln,
Und während draußen jeder Klang gefror,
Erklirrte, wo wir saßen, bald ein Chor
Von Gläsern unter dunklen Himmels-Siegeln.

Wir legten aufs Gesicht der Nacht ein Glänzen:
Gardinenperlen schimmernd-warmen Taus
Als Niederschlag an ihren kalten Grenzen.

Und erst im Schein des morgendlichen Graus
Spie sie, wie Lavaglut in Feuertänzen,
Uns in die kalten Straßen wieder aus.

Sigune Schnabel

GRENZLAND

Noch immer liegt
am Küchenfenster Schnee,
biegen sich Gedanken
wie Tannen.

In diesem Winter
haben wir keine Gesichter.
Unter Wollmützen spannt sich
ein Grenzland zum Traum,
folgen wir Flügen der Vögel.

Am Abend liegen die Blicke
in einer anderen Zeit,
sind wir uns beinah vertraut
in den fremden Bögen der Lippen.

Nachts gehen die Stunden
auf Stelzen,
größer als wir
je waren.

Am Rande der Nacht
die Tür angelehnt
an dein Licht

Ilse Jacobson

Peter-Michael Fritsch

MONDAUFGANG

Wie stieg der Mond auf
Aus diesem Nachtblau?
Die Sonne fing ihr Bett
Im Goldfedergespinn
Wenig blieb für Fern-Mars
Im Milchstraßenverflirr

Komet Sternputzer vertilgt
Restgestein in Kälteströmen
Kosmischer Materialschlachten
Und unten ein blauer Planet
Sonnengebundener Mondfänger

Einsam, immer dabei
Im All der Unwirklichkeit
Was du siehst, existiert nicht mehr
Was du nicht siehst, pulsiert
Vom Leuchten zum Erstarren

Eine Welt neben, hinter
Der anderen Welt
Welt um Welt dehnt sich
Fällt in einem Punkt zusammen
Explodiert sie erneut?
Ein Wölkchen steigt
Aus dem Blau

Was eigentlich heißt Schweigen?

Carsten Stephan

NACHT

Ein zäher Schlager quietscht aus roten Mündern
Verbeulter Mädchen, die nach Hause trollen.
Ein Glatzkopf nagt an einer mürben Lende.
Ein Babybauch geht einen Kühlschrank plündern.

Zinnoberaugen blinzeln von den Schloten.
In stille Zimmer wehen ferne Züge.
Im Stadtpark ächzen ein paar morsche Bänke,
Auf denen frische Herren sich verknoten.

Aus Uniformen dunstet ein Gemunkel.
Gelb huschen Karos über die Tapeten.
Um eine Bude schwirren Säufer, matte Motten,
Und stieren in das sternenlose Dunkel.

Felix Buehrer
NACHT-BAR

Im Schummer sitzen sie und schlucken.
Ich am Rande schlucke auch, derweil
die Fun Girls ihre Witze reißen.

Wenn dein Blick dann zu mir driftet,
und ich mit durchpulsten Schenkeln,
aber leeren Herzens, meinen Blick

rückdriften lasse, dir zu, den
Worten entgegen, kann ein Wille
in mich kriechen und er tut's diesmal.

So wärmen wir uns in der Kosung.
Und dann: Nach ein, zwei Nächten, sind
wir zwei vom kleinen Wahn schon satt.

Nachts darauf sitzen und schlucken sie
wieder. Ich am Rande schlucke auch
und bohre den Blick in die Theke.

Birgit Burkey-Dearing
NACHTLEERE

Hinter meiner brüchigen Stirn
pulsieren mundgeblasene Glasgedanken.

Unruhe wandert
durch nachtleere Gassen,
ich tauche durch Schatten,
meide die Menschen,
die durchs Licht huschen
wie graue Katzen.

Tagscheue Individuen,
die unter Neonlaternen versuchen
Sonnenvitamine zu tanken.

Zwischen Hell und Dunkel
suche ich Traumsequenzen,
die mir den Schlaf versüßen.

Walther Stonet

DER NACHTZUG

War's nicht ein Zug der Zeit, der Sehnsucht pfiff?
Es mengte sich ins Gleisgeräusch, das Pfeifen,
Ins Quietschen durch das Eisenreifen-Schleifen:
Der Westwind war's, der diese Töne griff

Und durch die Weiten trug bis an ein Ohr.
War da nicht auch ein feines Fernweh-Tuten,
Das sich ums Pfeifen schlang? Die Träume ruhten;
Aus Schatten, plötzlich, sprangen sie hervor

Und tanzten auf den Lidern in der Nacht.
Sie kreisten mit der Einsamkeit zu Takten,
Die Herzschlagrhythmen kurz und klein zerhackten.

Die Winde wehten Bö für Bö mit Macht:
Sie trugen mit sich Hoffnung, Angst und Ende
Und strichen über feuchte Stirn und Hände.

Wolfgang Mach
FARBEN DER NACHT

In den Verwerfungen der blauen Stunden
dort wo die Zeit Fangen spielt – den Augenblick fesselt
in den Momenten die weder Anfang noch Ende haben
verzweigen sich Spinnfäden in archaischen Strukturen
zu Festungen filigraner Lichtschranken

In stürmischen Gedanken bluten Erwartungen
tropfen auf Träume in silbrig verfinsterter Nacht
beim blassen Schimmer des eisigen Mondes der
zwischen den Ästen blitzende Gestirne verschluckt
versteckt sich der Windstoß hinter dem Vorhang

Dort wo im Sommer die Sonne nicht untergeht
nördlich von mir – strahlt sie zu Mitternacht
es scheint eine fröhliche Melancholie in goldenem Licht
und der salzige Wind verweht Eisberge zu Schattenrissen
es knistern Wellen in der Strömung in Silhouetten verwandelt

Auf der Herbstinsel hinter verlorenem Sommer
glänzt ein letztes Licht – streichelt die Schöpfung
den schwachen Schein zu einer unwirklichen Schattierung
zu einem Fresko mit magischem Mondflimmern
dazwischen dunkel zerfetzte Wolkenschichten

Ein fernes Leuchten atmet zur dunklen Szenerie
Plasmawellen tanzen pulsieren in flammendem Grün
ein Karussell lodernder Farben Aurora borealis
dann verdecken zarte Schleier die Lichtkulissen
das Licht zaudert wie eine Arche aus Schatten

Hille Insa Kamplade

NACHT DER SOLIDARITÄT

In der Hauptstadt
zwischen Abenddämmerung
und MorgenGrauen
steige ich zitternd
hinweg
über obdachlose Menschen
und zähle sie
die vom Leben
Verzehrten
Fröstelnden
Geängstigten
von Abschiebung
und Räumung
Bedrohten
in ihrer
Schattenweltdaseinsecke
Schlafsack neben Schlafsack
auf grauem Asphalt
der ihr ausgerolltes Leben
langsam versickern lässt
unter vernebelten Angstschwaden
im Mondlichttrauerbehang
neben der luxussanierten Villa
entlang des Dunstkreises
von Fallzahlen und Statistik
gurgelt ein Abfluss
in sozial aufgeschäumter Nacht
bäumt sie sich nochmal auf
die schlecht sortierte
GERECHTIGKEIT

Marion Bergmann

ohne namen die nacht und
sprachlos mein traum
   die kletterrosen
   flutet der wind ans fenster
in der esse sinkt
der ruß hinunter
   wo alles wacht
   selbst im vergeh'n
höre sprachlos die gestalt
der erde wachsen
   brenne nie
   nie brenne ihr
einem namen gleich
zu sagen wer sie sei
   eine prophetie
   ins fleisch

Nachtzug
in jedem Fenster
ein anderer Traum

Eva Limbach

Volker Maaßen

LEBENSPLANUNG

Ob der Hamster in dem Rad
irgendwelche Pläne hat,
wenn er emsig Nacht für Nacht
Krach und Kilometer macht
und dann hinter Gitterstäben
registriert, wie Menschen leben,
die ihr Ding in Gottes Namen
auch nicht wirklich anders planen?

Dagmar Scherf

AUGUSTSOMMER-MITTERNACHT

Joneleit, komm, verlier dein
Tuch nicht. Die Alten schlafen.
Ausgesungen wieder
ist eine Nacht.

(Johannes Bobrowski)

Komm, lass uns wohnen gehen!
Ausgesungen wieder ist eine Nacht.
Das Haus hat uns lange
die Rücken gewärmt
und die Köpfe gestützt,
die sternwärts schauten,
schnuppensüchtig.
Der Mond hängt ein wenig
nach unten durch.
Gleich versinkt er
im Schornstein drüben.
Sieh doch, die Blutpflaume
züngelt im Nachtwind,
er zerrauft ihren Kopf,
bläst ihr grimmige Backen.

Doch: Warte nur – balde!

Komm, lass uns wohnen gehen!
Ausgesungen wieder ist eine Nacht.
Längst schon fuhren die Nachbarn
mit den rasselnden Rollläden
in den Orkus des Schlafs.
Nur der Igel durchstreift noch
schmatzend den Garten.
Manchmal pfeift eine Maus,
und das Heupferd geigt im Holunder.

Doch: Warte nur – balde!

Komm, lass uns wohnen gehen,
uns fallen lassen
in die Schrecken
und Schönheiten
unserer Träume.

Gerd Meyer-Anaya

WINTERGEWÖLBE

dort meine geliebte
dort wo die unsteten toten
zwischen vorläufigen brettern
unruhig auf den frühling warten
der ihnen die ewige ruhe verspricht
lass uns treffen und einssein
und in die zukunft sehen
die von tag zu nacht
gegenwärtiger wird

wir werden in den nächten
sehnsuchtsmäntel tragen
von den schneidern der hoffnung
mit stolz angefertigt
dicke pullover von erratischen muhmen
fingerfertig gestrickt
mützen die unsere albträume verscheuchen
und jene stiefel die uns haltlosen
den boden bereiten

wenn wir uns vom ahnen und säumen
enthäutet haben
und entkernen vom selbstmitleid
werden wir zu wissenden

im tagebau des seichten geschehens
und die zu grabe tragen
die sich ihres
nicht mehr schaufeln konnten
weil der frost zu ihrem feind wurde

aber lass uns erst
buchstabe für buchstabe
die worte auftauen
die auf dem weg vom mund zum ohr
zu eisbällchen wurden
damit aus ihnen sätze werden
die unsere zeit überdauern
und uns warnen und wärmen zugleich

Elena L. Hietel

GEGEN HALB VIER

malen deine zungen
etwas geschichte blau
zum café ohne milch
tropfst du schoß
abwärts

weiße blüten: es floriert
in textur & händen
bricht etwas licht: dein
blasses grün: fragmente: ich
nippe dich satz
um satz um

eine pointe flüssiger

halt zurück & doch
penetrier mich
mit einer regung
slosigkeit

Stefan Breitenfeld

DIESE SACHE

In der Nacht stehen sie aufgereiht
um das Bett herum: Substantive,
Verben, Adjektive, wohl auch
ein paar Präpositionen. Nun dichte!
sagen sie gefährlich und
der Mechanismus gehorcht:
Wort um Wort pulsiert hervor,
dem Gedachten nicht unähnlich, aber
doch bis zur Kenntlichkeit entstellt. Sätze
erscheinen auf dem Papier, der Bleistift kratzt
und verneint jegliche Verantwortung. Dann,
plötzlich, reißt der Faden. Schweigen entsteht,
vorweggenommenes Verstummen,
probehalber.
Das kann doch nicht alles sein,
denke ich und ernte Kopfschütteln
von den Tempi, denn das Futur
erscheint wie immer erst
mit dem Sonnenaufgang. Die Nacht
gehört dem Präteritum,
dem ich bereits zu ähneln beginne,
umgeben nur noch von knöchernen
Gitterstäben und viel Gras,
das letztlich auch
über diese Sache wächst.

Rotraut Marie Raecke
WENN DER REST DER WELT SCHWEIGT

Dies ist kein Ort für dich, Kind.
Überall stehen Farbtöpfe herum
und ihr staubig-chemischer Geruch
frisst sich durchs Zimmer.
Von den Wänden starren Köpfe herab
mit aufgerissenen Augen und Mündern,
rund wie Kanonenkugeln,
man könnte sie fortschießen,
aber ihr vorwurfsvolles Entsetzen
bliebe zurück.
Geh wieder schlafen, Kind.
Deine Mutter ist nicht krank,
nur weil sie nachts malt
im Schein einer Lampe,
zwischen den Schatten,
deren Flüstern nur hörbar wird,
wenn der Rest der Welt schweigt.

Meike Wanner

... SIND STRASSEN LEER UND GEDANKEN FREI

der abend hat kaffee getrunken
und am himmel ausgekippt
flutet geteerte winkel quillt
über *brücken*
wir die nacht
in aufgebenden ampeln bin ich
stillatmig inbrünstig
lebendiger als tags
eine quelle wasser im kaffeesatz

Mirani Meschkat

DRUM SCHLAF ICH NIE SEHR TIEF

ich möchte meine lieblingsworte
subversiv in seide schlagen,
schlagzeilenfern der profiteure,
der vom profit betörten profi-toren,
sie halten, herzen und mit honig füttern.
vor wortbanausen tief im schrank versteckt,
will ich sie in tüten hüten,
und nur bei mondenschein befrein.
sie wollen sternenwolken atmen,
in meiner seele zweige treiben,
drum schlaf ich nie sehr tief,
bewache sie konspirativ.
und ich lass keinen rein.
könnt ja ein wörtermörder sein.

Maja Loewe

IN DER DUNKELHEIT DER FLÜSSE

pulst der Mond
und unruhige Fasane
gehen durchs Laub

als du vorm Haus
geheime Verse
in mein Fenster wirfst

die mit den Faltern
durch meine hellsten
Zimmer wandern

da fange ich die
dunkelroten Strophen
unterm Dachbogen

und kleide nachts
die Träume damit aus

Schreibtischlampendefekt
schieb' Nachtgedanken
unters Tagebuch

Wolfgang Rödig

H.-O. Lausch

MENSCH-MASCHINE

Im Dunkeln leuchtete der Monitor,
pochendes Herz, die Finger sanft auf der Tastatur,
tippte der Programmierer den Code:

01001001 01100011 01101000

01101100 01101001 01100101 01100010 01100101

01100100 01101001 01100011 01101000*

Der Cursor blinkte monoton,
Einsamkeit, keine Reaktion.

*Ich liebe Dich

Renate Maria Riehemann

GRENZGÄNGER

Was treibt ihn, was
zieht sein Fühlen voran,
während er schnellen Schrittes
gewohnte Straßen überquert?

Was drückt ihn, was
wiegt das Blei seines Tages,
während er sich erhebt, um
bordsteinschwankend Fuß zu fassen?

Lacht da der Mond
über ihn, diesen Tänzer,
der mit blutenden Füßen
die nächste schräge Gasse sucht,

ihm abzureißen,
den Mantel der Nacht?

Auf Straßen der Gewohnheit sieht man
hinter dunklen Fenstern den Wahnsinn.

Sylvia Sabrowski

IN BERGAMO

versiegt
der strom
des lebens
verlässt
das sein
unbemerkt
einen körper

liegt
verloren
und entliebt
bar jeder nähe
erbarmungslos
entblößt
seelenentleert

antiseptisch
abgeschrieben
abgedeckt
erkaltend
weggelegt
stirbt
der trost
unter dem laken
unter der maske

transportiert
in einem konvoi
der Entseelten
Einsamen
Toten

nachts
in Bergamo

Bernadette Duncan

der trick ist
den tagsüber
vom in der hand halten
weich gewordenen
schmerz
perlmuttfarben
ins herz zu hämmern
mit den sanften schlägen der nacht
es ganz damit auszukleiden
bis kein hätte mehr nässt
kein müsste mehr kühlt

dann in die vier kammern zu ziehn
um erst mit der amsel zu erwachen
den tag schimmernd zu betrachten
und zurück in die welt zu gehn
vergnügt und schön

Harald Kappel

KAMINFEGERSCHNEE

um Mitternacht
in der Nebenstraße
am alten Kinderheim
schweben Eiszapfen im Kamin
der Schnee fällt gläsern
und die tote Zeit
ist ein stiller Dunst im Mondschein
elektrischer Wind
raubt uns das Federbett
wir werden an unseren Sarg gewöhnt
in Trance
leben wir wortfrei
ohne Widerstand
warten
auf den Kaminfeger
er reinigt morgens
die kalten
Träume

Victoria Pavot

ESKAPISMUS NACHTS

Ich bin im Neonlicht
verwoben in den Klängen
die sich kettenlos
um den Körper weben.

Ich bin Bewegung
die Rage in dem Blech
der harten Bässe
die Fäuste hoch über die Luft.

Ich bin die Energie
zusammen mit dem Nebel
ich atme ihn fast ein.

Und der Kajal verschmiert
er bildet Bäume
mit kahlen Ästen.

im Lippenstift spiegelt sich
der ewig junge Mohn – so rot
entsendet seine Blätter
in die sonst dunkle Nacht.

Franziska Bauer

SOMMERNACHT

Die Tageshitze ist verglüht.
Die Wiese schläft im Licht der Sterne.
Nur eine Grille zirpt ihr Lied.
Ein Falter kreist um die Laterne.

Ein leichter Windhauch zieht vorbei,
fast wie ein stilles Atemholen,
und trägt der Linden Duft herbei.
Ein Kater streunt auf leisen Sohlen.

Was er wohl sucht, der späte Gast?
Vielleicht ist er auf Freiersfüßen?
Gönnt ihm die Sehnsucht keine Rast?
Der Jagdtrieb etwa? Wer kann's wissen?

Was ist es, das uns schlaflos macht?
Der Broterwerb? Das Liebessehnen?
Der Mond hätt's wohl in mancher Nacht
geseh'n, doch wird er's nie erwähnen.

Marina Berin

QUANTENPHYSIK

Du operierst mit den Begriffen
Raum und Zeit, sprichst dauernd
über Wahrscheinlichkeitstheorien.

Ich pflücke dir jedes Wort vom Mund ab,
selbst wenn du über Dinge redest,
die sonst nie bei mir ankommen,
und lege jedes Wort behutsam
in den Saum meines Nachtkleides.

Lasse die Buchstaben zu Perlen werden,
jene Elementarteilchen eines Wortes,
entfädle deine Satzkonstrukte.

Werde zur Emotionswelle,
trage die Perlen zurück zu dir und staune selbst,
welche neuen Phrasenketten
zu welchem Zeitpunkt
meinem Mund entspringen.

Und operiere
mit wissenschaftsfremden Begriffen.
Wie Liebe
zum Beispiel.

Auch in dieser Nacht
er kommt und geht –
Wintermond

Deborah Karl-Brandt

Kierán Meinhardt

TRAUM DER STADT

Im traum der stadt legt sich auf alle dächer
das glatte sterndurchbrochne schwarze haar
der nacht. Die gleise unten rauschen schwächer

durch dumpfen dunst. Nur selten sind ein paar
fenster noch hell – die meisten wände schließen
schon ihre augen. Und wie ein altar

liegt leerer teer, draus bunte scherben sprießen.
Den weichen schein der straßenlichter lässt
die scherbenschar in richtung himmel fließen.

Ein leichtes wehen spielt mit dem geäst
des flusses, der sich unter breiten brücken
in sich verliert. Traumwandelnd will ein rest

den großen wagen aus dem himmel pflücken
mit kalten fingern, mondschein im gesicht,
sternkarten vor der stirn, die welt im rücken,

gedanken überall. Und keiner spricht.

Waldemar Krüger
SCHLÜSSELDIENST

Reicht mir Schlüssel
Die Welt der
Ruhenden Vogelstimmen
Geschwärzten Sonnenstrahlen
Will ich öffnen
Mein Traumland betreten
Schlaflos dem Herzpfad folgen
Bis müde Blicke
Deine Lippen finden
Für eine wortlose Nacht

Daniel Behrens

Es blumt ein Feuer
Sternenstaublachen ...

Das Erdreich meines Herzens
atmet dunkel

und wartet
auf deine Sonnenkörner ...

Schon blumt es hellgelb
im nackten Schwarz.

Ein Lachen
wurzelt in mir und kracht

mit grünen Lichterarmen
aderauf in blaue Welt,

durch Mund und Augen,
durch offene Horizonte,

zu allen deinen Himmeln!

Nun leuchten wir
Sternenstaubträume

wie strahlende Wanderer
im Dunkel unserer Nacht ...

Jens Junk
GUTEN ABEND, GUTE NACHT

Ein Karussell von Mücken
quirlt das letzte Sonnenlicht,
mondsüchtige Vampire
zerflattern die Ruhe,
schlafwandelsichere Katzen
mit samtenen Tatzen
gleiten über Dächer,
des Windes seichter Fächer
streicht über Gefieder
in sicheren Nestern.

Zwei Katzen jaulen die gleichen Lieder
wie auch schon gestern,
und grün-gelbe Augen
blitzen und saugen
das Licht aus der Nacht,
bis eine ganz sacht,
um sich zu verdrücken,
den Gesang abbricht,
steigt rückwärts in ihre
lautlosen Schuhe. Ruhe --

Christian Aeberhard

NACHTWACHE

Ich lege mir den Mantel um,
den mir die Nacht gewoben hat,
durchwandere die Straßen stumm,
zum Traum bekehrt und tagessatt.

An meiner Seite gehen jene,
die der Nacht anheimgefallen,
und was ich mir so sanft ersehne,
hör ich in ihnen widerhallen.

Ich küss der Nacht ihr Traumgesicht
und ewig fern vom nächsten Tag
ist das, woran es mir gebricht,
fern wie der Sterne Funkenschlag.

Angelica Seithe
MIT DEN JAHREN

Kein Frost
in den Bergen bei Nacht

Deine Hand sehr warm
Dein Körper ein Ofen
an den ich mich schmiege

Doch der Gesang zwischen Hügeln
nicht hörbar. Das Gras
liegt schweigend im Nachthauch
atmet noch Tag und dunkelt
ins Nichts, die Wiesenhänge
längst zugeklappt

Nur der Schlaf streckt sich aus
an deiner Seite, vertraut
und ohne Schmerz

Xenia D. Cosmann

NACHTSCHATTEN

Der Mond schien so hell durch die Scheiben
Warf Kreuzschatten an die Wand.
Sie wollten nicht stehen bleiben,
Als der Mond hinter Wolken verschwand.
Die segelten schnell durch das Leuchten,
Blaudunkel mit silbernem Rand.
Dann standen da wieder zwei Kreuze,
gemalt mit glänzender Hand.
Für wen malt der Mond mit Schatten,
Für Schläfer und Schlaflose gleich?
Wer darf sich Hoffnung gestatten
In der Nacht so schattigem Reich?

Marina Büttner

WANDEL DER NACHT

ich verstehe die nacht nicht
sehe gelöschte wolken über einer staubschicht
aus zwielicht genährt von großstadtneon
der impuls ist eindeutig: ein herz

fassen & gehen
da ein mond & die sterne & alles
erbleicht weil die stadt im vordergrund
farbe verstreicht jeden augenblick mit netzen verhängt

ich steige vorsichtig über geräusche hinweg
streife tagtemperaturen ab gleite durch
die straßen mir fehlt erde nur asphalt
unter den füßen & die halbe welt auf den beinen

Hartmut Gelhaar

GLÜHWÜRMCHEN NACHT

Ein Glühwürmchen, des Nachts erregt,
wird, wie dies Beispiel hier belegt,
mit einem Wesen gleicher Art
am selben Ort, zugleich verpaart.

Zwei Mitmenschen,
Sie und ein Er,
gehen nebeneinander her.

Zur gleichen Zeit, am selben Ort.
Zeit und Mensch, sie schreiten fort.

Wohin?

Die Frage, sie bleibt offen.
Der neue Tag, er lässt uns hoffen.

Die Parallelen dieser Nacht,
sie werden hier zum Schluss bedacht.

Denn
die Unterschiedlichkeit der Taten
lässt gleiche Konsequenz erraten!

die Jahreszeit
was kümmert sie mich hier
nachts am Strand

Wolfgang Gründer

Christa Issinger

GRAUZEITEN

nun entblättert sich der baum
still ist es draußen
in der dämmerung atmen wir frieden
berühren unsere sprache
mit den küssen des fallenden regens

ich erzählte dir von den herbsttagen
der wind torkelte ums haus
und auf dem tisch lagen
gedichte von Hesse und Kästner

die sehnsucht hängt schief im raum
nächte fallen ins leere
du fragst dich
nach dem grund meiner abwesenheit

Marlies Blauth

SCHLAFLOS

he ihr Nachttiere!
meine Stunden reißt ihr in Fetzen –
mit dem Abfall des Tages
legt ihr sie auf mein Kissen
meine Augenlider
bleiben geöffnet wie
nächtliche Läden –
ihr seid Gedankendiebe
führt mir den Zweifel
am stachligen Halsband vor
in meinem Bett liegen Späne
aus Ungemach

Nathalie Schumann

NACHTS

nachts
wenn meine liebe
ziel- und heimatlos
durch dunkle straßen
irrt

wenn jeder schatten
der von bernsteinfarbenem
laternenlicht
geworfen wird
aussieht wie du

wenn mondschein
blättermuster
an die zimmerdecke wirft
und ich das eigne blut
in meinen ohren
rauschen höre

nachts
wenn wenns
abers
und hättichdochs
in meinem kopf
endlose gedankenketten formen

und der platz im bett
der deiner war
und der noch immer leise
nach dir riecht
so unerträglich leer ist

dann kommt
sie raus
die wahrheit dessen
was mein herz
noch immer für dich fühlt

denn nachts kann man
sich selbst
so furchtbar schlecht
entkommen

Jörn Kalkbrenner

NACHTS VORM TOR

Ein alter Ochs stand dumm im Wald herum
und sah das Tor vor Bäumen nicht.
Sein Kopf war leer, der Tann schwieg stumm,
da endlich kam ein kleines Licht.

Es war der helle Lotsenkäfer,
meist nachtaktiv, am Tage Schläfer.
Der führte aus dem Wald am Ohr
den Ochsen vor das Scheunentor.

Doch ach, da standen sie und starrten –
der Schlüsseldienst ließ auf sich warten.

Bettine Wagner-Friedewald

NACHTS

nachts
wenn die ängste
blühen und gedeihen
hallt
der himmel
über den häusern
von den rufen
nach gott

der vergessen war
im trubel des tages
ist auf einmal
wieder gefragt
nachts

Eline Menke

NACHTFLUG

Unser Nachtflug
ist federleicht

als trieben Luftballons
im Olymp

als streute der Mond
Sternblüten aus

als wüchsen
Sommersprossen
im All

als fiele
ich nie aus der
Umlaufbahn

wenn ich
mich wiege
in deinem
Weltraumhaar.

Adrian Hohler

NACHTBLICKE

abgenagte knochensplitter   die neben   verfaulten

granatäpfel liegen   ausgespuckte kerne   auf goldenen tellern

eine dunkle strasse   der wir folgen   deren laternen

bereits vor   millionen von   jahren

ausgelöscht sind   ohne   ihr ende   zu kennen

im hintergrund   singt Nena

irgendwie

irgendwo

irgendwann

und   nach der stille   hört man bloss

das   weisse rauschen   der unendlichkeit   ein

versuch   etwas einzuholen   das viel schneller

vor uns davon   läuft   eine exponentielle

verfolgungsjagd   deren ausgang   fest

steht   räume   die sich   dehnen

eine flucht   in   sternenlose   orte

wo   zeit   keine rolle

spielt   wieder   reisen wir   an

an den   rand   unseres   wissens

um   erneut   in

den schwarzen grund   zu blicken und

mit offenem   mund   zu

staunen

Sabine Schildgen

ein letztes Blatt
wippt zum
takt des windes

durch nebelschwaden
blitzt
eine ahnung
von licht

durch die welt
streift
ein leises sterben

verzeihen wir
bevor die nacht kommt
und uns
den atem nimmt

Über den Verein

SternenBlick e.V. ist ein gemeinnütziger Verein zur Förderung zeitgenössischer Poesie. Seit Mitte 2013 werden jedes Jahr themengebundene Anthologien, Monografien und zwei Heftreihen herausgegeben, die die dichterische Vielfalt abbilden und bewahren. Ergänzend bieten wir unterschiedliche Leseformate, Workshops und Veranstaltungen im Großraum Berlin an.

Alle Veröffentlichungen, aktuelle Ausschreibungen und Termine sind der Homepage zu entnehmen:

www.sternenblick.org

Inhaltsverzeichnis